Frankophonie und Sprachkontakt. Moderne Entwicklungen und Veränderungen der französischen Sprache

Ute Corell

Bibliografische Information der Deutschen Nationalbibliothek:

Die Deutsche Nationalbibliothek verzeichnet diese Publikation in der Deutschen Nationalbibliografie; detaillierte bibliografische Daten sind im Internet über http://dnb.d-nb.de abrufbar.

ISBN: 9783346579553
Dieses Buch ist auch als E-Book erhältlich.

© GRIN Publishing GmbH
Nymphenburger Straße 86
80636 München

Druck und Bindung: Books on Demand GmbH, Norderstedt Germany
Gedruckt auf säurefreiem Papier aus verantwortungsvollen Quellen

Das Buch bei GRIN: https://www.grin.com/document/1168977

Frankophonie und Sprachkontakt: Entwicklungen und Veränderungen der französischen Sprache

Inhalt

1. Einleitung

„Kommunikation bezeichnet den Austausch von Informationen zwischen zwei oder mehreren Personen. [Sie gilt] als elementare Notwendigkeit menschlicher Existenz und wichtigstes soziales Bindemittel"[1].

Zwischenmenschliche Begegnungen fordern eine Kommunikation, die im Allgemeinen einer gemeinsamen Sprachbasis entwächst. In Kindesalter wird der Zugang zur Normsprache gelehrt, doch verstärkt versuchen sich Jugendliche von der auferlegten, strikten, organisierten Erwachsenenwelt abzugrenzen. Sie präsentieren sich in einer Kommunikation einfallsreich und haben eine kreative, schnelle Jugendsprache entwickelt.

Die Forschung widmet sich „seit Anfang der achtziger Jahre" der „linguistischen[n] Analyse der Jugendsprache in Frankreich"[2] und verzeichnet deutliche Abweichungen von der Standardsprache.

Betrachtet man die sozialpolitische Situation Frankreichs ist die hohe Anzahl maghrebinischer Einwanderer unverkennbar. In den 60er Jahren ist die Zuwanderung französischer Staatsbürger aus den ehemaligen Kolonien aufgrund der Unabhängigkeitsbewegungen im Maghreb und dem Bedarf ausländischer Arbeitskräfte für die innerstaatliche französische Nationalwirtschaft rasant angestiegen, sodass aktuell 11% der Bürger Frankreichs Migranten sind[3]. Von diesen sind nach einer Studie des *Institut national de la statistique et des études économiques* (*INSEE*) aus dem Jahr 2007 wiederum 30,6% maghrebinischer Herkunft.[4] Sprachkontaktsituationen sind in diesem multikulturellen Zusammenleben nicht zu vermeiden und die französische Standard- und Umgangssprache ist ständigem Einfluss ausgesetzt.

Ein kreativer Sprachwandlungsprozess muss die Folge sein; Immigranten treiben den Sprachwandel verstärkt voran.

Im Hinblick auf diese These ist zu untersuchen, wie weitreichend die Rolle der frankophonen Staaten – fokussiert auf die Staaten Nordafrikas – für die Entwicklung der französischen Standardsprache ist.

Zunächst werden die veränderten Lebensumstände bedingt durch die maghrebinische Migranten der letzten drei Generationen beleuchtet. Daraufhin soll die Sprachentwicklung, die sich dieser Sprachkontaktsituation resultierend ergeben hat, aufgezeigt werden, sodass im

---

[1] Schubert, Klaus/Martina Klein (2006)[4]: Das Politiklexikon. Bonn.
[2] Zimmermann, Klaus (2003): Jugendsprache in Frankreich: ein Resümee. In: Hinz, Michael (Hg.): Jugend und Immigration. Neue Romania 27, S. 42.
[3] Guillet, Alexandra (2010):   Les immigrés constituent 11% de la population française. In : http://lci.tf1.fr/france/societe/2010-11/les-immigres-constituent-11-de-la-population-francaise-6161732.html. (02.07.11).
[4] INED (Institution national d'études démographiques) (2011): Immigrés par pays de naissance. In : http://www.ined.fr/fr/immigres_etrangers/pays_naissance_1999/. (02.07.11).

nächsten Schritt eine Analyse der Sprachentwicklung veranschaulicht, ob und inwiefern die Einwanderer maghrebinischer Staaten das Standardfranzösisch beeinflussen.

2. Nationale Dimensionen der Frankophonie

2.1. Historisch-politischer Hintergrund

Unterstützt durch die Unabhängigkeitsanerkennungen Frankreichs ehemaliger Kolonien Marokko und Tunesien im Jahr 1956 sowie Algerien infolge eines achtjährigen Krieges im Jahr 1962 und verstärkt durch Frankreichs „hohen Bedarf an ungelernten und billigen Arbeitskräften"[5] wurde Anfang der 60er Jahre eine große Immigrationswelle ausgelöst, die neben europäischen Einwanderern viele maghrebinische Arbeiter, die ohne ihre Familien kamen, nach Frankreich brachte. Zwar schloss die französische Regierung bereits 1974 die Grenzen, jedoch führte das „regroupement familial" – die gesetzlich bestehende Möglichkeit der Familienzusammenführung innerhalb Frankreichs – zu einem fortschreitenden Wachstum der Migrantenanzahl.[6]

Aktuell immigrieren jährlich aus unterschiedlichen Gründen über 60.000 Maghrebiner nach Frankreich. Mittlerweile sind etwa 1,5% der französischen Bevölkerung Kinder unter 18 Jahren, die in einer Einwanderungsfamilie maghrebinischen Hintergrunds leben.[7] Sie wachsen häufig in maghrebinischen Kulturkreisen auf und besonders die Kinder, die mittlerweile in der dritten Generation in Frankreich beheimatet sind, verfügen nur noch selten über die muttersprachliche Kompetenz ihrer Großeltern. Der schwierige Zugang zum Arbeitsmarkt und die resultierenden finanziellen Gegebenheiten zwingen die Familien unaufhörlich zu erschwinglichen Unterkünften in den tristen Randbereichen französischer Großstädte. Diese Wohnbereiche – die *banlieus* – sind von hoher Armutsrate, Arbeitslosigkeit und Gewaltpotential geprägt, sodass besonders der Jugend eine hohe Unzufriedenheit und Perspektivlosigkeit zugeschrieben wird.

Aus linguistischer Betrachtung sind diese Ballungszentren aber von großem Interesse, da „in Teilbezirken großstädtischer Agglomerationen [ ] nichteinheimische Sprecher oft die Mehrheit

---

[5]Schuhmann, Adelheid (2002): Zwischen Eigenwahrnehmung und Fremdwahrnehmung: die *Beurs*, Kinder der maghrebinischen Immigration in Frankreich. Untersuchungen zur Darstellung interkultureller Konflikte in der *Beur*-Literatur und in den Medien. Frankfurt a.M. S. 108.
[6] Vgl.: Cuddle, Edda (2004): Migration in Europa. Daten und Hintergründe. Stuttgart. S. 83.
[7] INSEE (2011): Enfants de moins de 18 ans vivant dans une famille. In :
http://www.insee.fr/fr/themes/tableau.asp?reg_id=0&ref_id=ENFAMIMMI (02.07.11).

[bilden]"[8] und Bezirke existieren, „die in Bezug auf die ursprüngliche allochthone Sprecherprovenienz sogar recht homogen sind"[9].

Trotzdem, da auch französische Muttersprachler in den *banlieus* aufwachsen, bietet diese mehrsprachige Kommunikationsgemeinschaft, die als Glossotop, d.h. „kleinstmögliche und deshalb grundlegende[ ] Einheit[ ] des kommunikativen Raums"[10], bezeichnet werden kann, eine Steuerung des „lokalen Gebrauch[s] der sprachlichen Varietäten in einer bestimmten lebensweltlichen Gruppe" und kann unter der „Gesamtheit der Regularitäten (der kommunikativen Reichweiten)"[11] besonders effizient zu Forschungszwecken genutzt werden.

2.2. Sprache der Jugend in den *banlieus*

Die als *banlieus* bezeichneten Vororte französischer Großstädte bietet zunehmend Wohnraum für die sozial schwachen Bevölkerungsgruppen. Viele Migranten teilen sich neben arbeitslosen und entmutigten Franzosen die großen Betonbauten als Wohngebiet. Häufig gibt es in den *banlieus* weder öffentliche Gebäude noch kulturelle Institutionen - von Sportvereinen oder Jugendzentren ganz zu schweigen - sodass den Jugendlichen nur die Straße als ihr sozialer Treffpunkt geboten wird. Die Jugendlichen besuchen eine französische Schule und „die Migranten aus den ehemaligen Kolonien kommen entweder bereits mit Französisch- oder Französisch-Kreol-Kenntnissen oder zumindest mit einem irgendwie frankophon gearteten Wissenshintergrund in Frankreich an"[12]. Trotzdem unterscheidet sich ihre Sprache grundlegend von dem staatlich geforderten Normfranzösisch.

In den *banlieus* ist eine Jugendsprache präsent, die von „Einflüsse[n] der Herkunftssprache [der Migranten] in die Form der von ihnen gesprochenen Sprache des Aufnahmelandes"[13] gebracht wird und von „Sprachalternation" bedingt durch ihre Zweisprachigkeit sowie „weitere[n] Produkte[n] sprachlicher Art" geprägt ist. Da Sprache immer ein Ausdruck von Identität ist, wollen sich die Sprecher in dieser „Art von interethischen Interaktions- und

---

[8] Krefeld, Thomas (2004): Einführung in die Migrationslinguistik. Von der *Germania italiana* in die *Romania multipla*. Tübingen. S. 24.
[9] ebd.
[10] ebd. S. 26.
[11] ebd.
[12] Zimmermann, Klaus (2003): Postkoloniale Migration, Jugend und Sprache in Frankreich. In: Hinz, Michael (Hg.): Jugend und Immigration. Neue Romania 27, S. 78.
[13] ebd. S. 79.

Kommunikationsbeziehungen"[14] bewusst von ihrem erwachsenen Umfeld abgrenzen und setzen ihre Sprache als Element der Identifikation mit der eigenen Gruppe ein.[15] Aus diesem Grund treten gehäuft Sprachkreationselemente auf, die aufgrund der Kürze der Arbeit nur in einem Ausschnitt präsentiert werden können.

2.2.1. *Le Verlan*

« Je suis out, y a ma reum qui se rima »[16]

Wer Verlan spricht, spricht falschherum. Als Phänomen der französischen Sprache schon seit Jahrhunderten bekannt, denn bereits Voltaire, nahe Airvault geboren, nutze diese kreative Silbenumstellung zur Bildung seines Pseudonyms,[17] wurde das Verlan in den 1970er Jahren besonders in der Jugendkultur der *Beur*-Bewegung wieder aufgegriffen. „Die Aneignung und Instrumentalisierung eines traditionell französischen Verfahrens" seitens der Migranten diente der „Markierung der besonderen Identität, [...], einer Identität des Übergangs"[18].

„Aus dem Woʁrt *arabe* [a.ʁa.bə] – mit ausgesprochenem finalen <e> - wurde demnach über [bə.a.ʁa] *beur* [bœʁ]"[19] – eine Bezeichnung für die Kinder maghrebinischer Einwanderer.

Seitdem ist das Verlan „zu einem prominenten Jugendsymbol gemacht worden"[20].

Das Verlan vertauscht die Silben eines Wortes und sein Begriff „ist selbst ein Produkt des verlan: (à) l'envers [lãvɛr] > [vɛrlã]"[21].

Die einfachste und überschaubarste Umstellung erfolgt bei zweisilbigen Wörtern, denn es wird die erste Silbe (S1) mit der zweiten Silbe (S2) vertauscht. Gegebenenfalls bedarf es einem Zufügen des Schwa-Lautes oder einer Tilgung des Endsilbenvokals.

---

[14] ebd. S. 81.
[15] Oberti, Marco (2008): Die Unruhen in den französischen Städten, In: http://www.eurotopics.net/de/home/presseschau/archiv/magazin/politik-verteilerseite/frankreich-2008-07/oberti/ (05.07.11).
[16] Zeit
[17] Vgl.: Merle, Pierre (2006): Argot, verlan et tchatches. Milan. S. 49.
[18] Zimmermann (2003): Postkoloniale Migration. S. 83.
[19] Pustka, Elissa (2008): Accent(s) parisien(s) - Auto- und Heterorepräsentationen stadtsprachlicher Merkmale. In: Krefeld, Thomas (Hg.): Sprachen und Sprechen im städtischen Raum . Spazi comunicativi - Kommunikative Räume - Band 2. Frankfurt am Main, S. 231.
[20] Zimmermann (2003): Jugendsprache in Frankreich: ein Resümee. S. 52.
[21] ebd. S. 53.

Beispiele:

- parents [paːʁɑ̃n] → [ʁɑ̃ pa]
- blouson [blu : zon] → [zonblu]

Bei offenen Einsilbern sowie bei Einsilbern mit Halbvokal, bei denen „die Verlanisierung qua Silbenvertauschung eigentlich nicht möglich ist"[22], kommt es entweder zu Lautvertauschungen (1.) oder zu Expansionen zu Zweisilbern (2.), welche dann eine Silbenvertauschung zulassen. Dies geschieht durch eine „[ə]-Epenthese bzw. Aktualisierung eines stummen Auslaut- [ə]"[23]. Im Anschluss werden diese Wörter „wiederum einem Abkürzungsprozess unterworfen"[24].

Beispiele:

    1.)

- chaud [ʃo] → [oʃ]
- pue [py] → [yp]
- moi [mwa] → [wam]
- toi [twa] → [wat]

    2.)

- mère [mɛʁ] → [mɛʁə] → [rømɛ] → [røm] *reum.*
- femme [fam] → [famə] → [møfa] → [moef] *meuf.*

Mehrsilbige Wörter sind in ihrer Silbenvertauschung variabel, da sie keinem festen Schema folgen. Demnach sind im Verlanisierungsprozess unterschiedliche Vorgehensweisen zu verzeichnen.

Beispiele:

1. (S1 S2 S3) → S3 S2 S1
- rigolo → [logori]
2. (S1 (S2 S3)) → S2 S3 S1
- cigarette → [garɛtsi]
- corrida → [ridako]

---

[22] ebd.
[23] ebd.
[24] ebd.

3. ((S1 S2) S3) → S3 S1 S2

- dégeulasse → [lasdegø]
- enculé → [leãky][25]

Diese Beispiele geben einen Einblick in die Vielfalt des Verlans. Da es sich bei dem Verlan hauptsächlich um eine mündliche Sprachvarietät handelt, sind die meisten Wörter zwar phonetisch transkribiert, allerdings nur selten in die Schriftsprache eingeführt. Aufgrund der zunehmenden Popularität einiger Wörter und dem Abgrenzungsbedürfnis der Jugendlichen entwickelt sich die

> „Reverlanisierung bereits verlanisierter Wörter. […] Aus comme ca wird ca comme und daraus wieder asmeuk, also: 1. Erweiterung ([kom] > [komə], 2. Verlanisierung ([komə] > [məko]) 3. Lautvertauschung (ca > [as]). 4. Abkürzung (meuko > meuk)."[26]

2.2.2. Arabismen

Entlehnungen aus dem Arabischen sind auf die hohe Anzahl maghrebinischer Migranten zurückzuführen. Das Arabische zählt in Frankreich mittlerweile als eine „wichtige Gebersprache[ ]"[27]. Es ist zu unterscheiden, ob die ursprüngliche Bedeutung des entlehnten Wortes beibehalten wird, oder ob es zu einem Bedeutungswandel kommt.

Beispiele[28]:

- mesquine: Personne inspirant de la pitié ou de la peine, malheureux. Etymologische Herkunft : arab. *meskin* (pauvre, qui suscite la pitié).

> « Ce terme arabe a donné naissance au XIIe siècle au mot français mesquin qui désignait un homme de basse condition. Il a ensuite totalement disparu au XVIe siècle pour réapparaître au siècle suivant par l'intermédiaire de l'espagnol et prendre par la suite son sens actuel. »

Im Zuge einer Konversion wird das arabische Adjektiv zu einem französischen Nomen umgewandelt. Seine Bedeutung bleibt analog.

- zarma: Accentue généralement le côté dérision dans une phrase. Etymologische Herkunft: arab./maghrebinisch *zarma* (c'est-à-dire, par exemple, soi-disant).

---

[25]Le Dictionnaire de la Zone (2001-2011). In: http://www.dictionnairedelazone.fr/ (02.07.11).
[26] Zimmermann (2003): Jugendsprache in Frankreich: ein Resümee. S. 53.
[27] Bollée, Annegret (2000): Französische Jugendsprache und Argot. In: Stein, Peter (Hg.): Frankophone Sprachvarietäten. Variétés linguistiques francophones. S. 346.
[28] Le Dictionnaire de la Zone (2001-2011).

6

Das arabische *zarma* wird in der französischen Sprache als Füllwort übernommen. Es behält seine ursprüngliche Bedeutung.

- ouallah (ou wouallah): Synonym für *Je te jure!* Etymologische Herkunft: arab. *wou'Allah* (par Dieu).

Das arabische *ouallah* unterliegt einer inhaltlichen Bedeutungsveränderung. Im Verfahren der Metaphorisierung wird die Bedeutung verschoben, sodass Gott eine rechtssprechende Funktion einnimmt. Zudem wird das arabische Geberwort in der französischen Sprache verschriftlicht.

- rnouch [xnuʃ]: policier. Etymologische Herkunft: arab./maghreb.: *kh'nouch* (couleuvre).

Bedingt durch die Metaphorisierung bezeichnet das arabische Geberwort *kh'nouch* (dt.: Natter) einen französischen Polizisten. Zurückzuführen ist der semantische Bedeutungswandel auf die Eigenschaften der Natter, die dem Polizisten als negative Eigenschaften zugeschrieben werden. Vermeintlich handelt es sich dabei um die Bedrohung und Gefahr, die eine Natter für den Menschen, ein Polizist oft für Migranten ausstrahlt. Nebendessen wird das Wort phonologisch und morphologisch der französischen Sprache angepasst, zudem wird die arabische Aussprache in die französische Schriftsprache gesetzt.

Neben den Entlehnungen aus dem Arabischen treten in der französischen Jugendsprache ebenso Entlehnungen aus dem anglophonen Bereich, dem Romani oder den Regionalsprachen auf. Ursprünglich als Gaunersprache bekannt, schaffen auch Wörter aus dem traditionellen Argot die Einkehr in die Jugendsprache.

2.2.3. Sonstige Wortbildungsverfahren

Neben den genannten Wortbildungsverfahren gibt es viele weitere Techniken, derer sich Jugendliche zur Schaffung ihrer eigenen Sprache bedienen. Diese können allerdings nur im Überblick präsentiert werden.

So gibt es auf der Ebene der Lexik neben den aufgeführten Entlehnungen das selbständige Verfahren der „Metaphorisierung und Metonymisierung". „Vorhandene Lexeme des Französischen werden […] neue Bedeutungen zugeordnet"[29].

Im Wortbildungsbereich neigen Jugendliche dazu Suffixe an Wörter zu setzten. „Besonders auffällig ist das neue Suffix –os", welches an Substantiven und Adjektiven Anwendung findet. Die „Hauptfunktion […] ist [ ] die Markierung sozialer Gruppenzugehörigkeit". Beliebt sind

---

[29] Zimmermann (2003): Jugendsprache in Frankreich: ein Resümee. S. 46.

zudem Abkürzungsverfahren. „Die formal einfachste Art ist die Apokope, das Verfahren der Abkürzung am Wortende", aber auch die Techniken der Apharäse und der Reduplikation werden genutzt.[30]

Allgemein festzustellen ist, dass

> „die Bereiche Lexikon und Semantik am anfälligsten für Übernahmen aus einer anderen Sprache [sind], gefolgt von Syntax, Phonetik und Prosodie. Grundsätzlich ist die Intensität des Kontaktes verantwortlich für das Ausmaß der Übernahmen."[31]

3. Auswirkungen auf das Standardfranzösische

Betrachtet man die derzeitige Situation in Frankreich, ist die Angst vor dem Qualitätsverlust der Sprache präsent. Sprachliche Einflüsse aus den frankophonen Gebieten auf das Standardfranzösisch und eine sich entwickelnde Mischsprache wären für viele Bürger mit einem Verlust an Prestige gleichzusetzen, sind allerdings in Ballungszentren der Sprachbegegnung zu einem alltäglichen und unvermeidbaren Phänomen geworden. Folglich ist eine Diskussion, ob postkoloniale Migration erkennbare Auswirkungen auf die sprachliche Qualität der französischen Sprache hat, unabdingbar.

Das Verlan, das „in seiner schöpferischen Phase den Jugendlichen der Pariser Vorstädte zugeschrieben"[32] wird, unterliegt einer zunehmenden Verbreitung durch die Medien, sodass ein breites Publikum erreicht wird. Obwohl

> „die Migranten […] in Frankreich […] eine quantitative und qualitative Minderheit darstellen, […] [ist] die moderne Hervorbringung des *verlan* bereits sowohl in die Jugendsprache der ‚français de souche'[33] aus auch in die Umgangssprache der Erwachsenen übergegangen"[34].

Mittlerweile sind einzelne Wörter des Verlan sogar so verbreitet, dass sie Eintritt in das Normfranzösisch erhalten haben. Die Norm, die sich als

> „ effet de la standardisation qui incite à sacraliser la forme de langue préconisée comme la meilleure façon de parler et surtout d'écrire"[35]

definiert, stellt die Richtschnur der französischen Sprache und kennzeichnet alle mit ihr konformen, aber auch alle normwidrigen Sprachverwendungen. Die verbindliche Norm wird hauptsächlich von Sprachwissenschaftlern staatlicher Institutionen wie der *Academie française* festgelegt, die sich die Aufgabe der *„ defense de la langue française"* zuschreibt:

---

[30] ebd. S. 46 ff.
[31] Riehl, Claudia Maria (2004): Sprachkontaktforschung . Eine Einführung. Tübingen, S. 98.
[32] Zimmermann (2003): Postkoloniale Migration. S. 82.
[33] Synonym für *français d'origine.*
[34] Zimmermann (2003): Postkoloniale Migration. S. 84.
[35] Gadet, Françoise (2007): L'essentiel français. La variation sociale en français. Paris. S.175.

„ La principale fonction de l'Académie sera de travailler, avec tout le soin et toute la diligence possibles, à donner des règles certaines à notre langue et à la rendre pure, éloquente et capable de traiter les arts et les sciences. (Article 24 des statuts.)"[36]

Allerdings kann ein Einschleichen an Popularität gewinnender Wörter nicht verhindert werden. So hat das *Dictionnaire de l'Académie, neuvième édition* Wörter wie *babaque*[37], *dingue*[38]oder *frangine*[39]in die Kategorie *Emplois populaires* aufgenommen.[40] Diese sind gleichzeitig im Jugendwörterbuch *Le Dictionnaire de la Zone* zu finden und dem jugendlichen Wortschatz durchaus gebräuchlich.

Das populäre Wörterbuch *Larousse* hat sogar die verlanisierten Wörter *beur* oder *meuf* als standardsprachlich akzeptiert und eingefügt.[41]

Dennoch ist zu verzeichnen, dass auch wenn vereinzelte Wörter den Eintritt in das Normfranzösisch bestreiten, das Verlan ebenso wie die Entlehnungen der anderen Sprachen hauptsächlich auf der Sprachebene des *français familier* genutzt werden. Das *français familier* füllt die Kommunikationsbereiche in Alltag, Familie, Freundschaft, Schule und Beruf, ist jedoch für offizielle Anlässe oder in der Schriftsprache nicht ausreichend formell.[42]

„Das français familier ist […] daher ein Register der Spontanität, des Affekts, der Emphase, der subjektiv gefärbten Scharfkonturierung."[43]

Ein Sprecher ist sich der Ebene, auf der er kommuniziert, bewusst, sodass eine Vermischung zumeist der Provokation oder Abgrenzung von Jugendlichen zu Erwachsenen entspringt.

Zudem muss beachtet werden, dass besonders die Gebersprachen – in unserem Fall die arabischen - nur Wörter sprecherinteressenorientierter Themen liefern. Eine Ausweitung auf den gesamten Wortschatz der französischen Sprache ist undenkbar, da die Einflüsse von den Jugendlichen kommen, die „lebensweltliche Ausdrucksformen hinsichtlich Kleidung, Frisuren, Musikpräferenzen, Freizeitgestaltung"[44] oder des anderen Geschlechts schaffen.

Dem hinzuzufügen ist die diatopische Unterscheidung der Einflüsse in die Sprache. Zentriert in den Vororten französischer Großstädte findet eine beachtliche Entwicklung der Sprache statt, allerdings bleibt diese in ihrem Sektor und entwickelt sich differenziert von geographisch

---

[36] Académie française: Le rôle. In : http://www.academie-francaise.fr/role/index.html (02.07.11).
[37] Synonym für *viande*.
[38] Synonym für *fou, dérangé*.
[39] Synonym für *fille, femme*.
[40] Académie française : Le dictionnaire. In: http://www.academie-francaise.fr/dictionnaire/index.html (02.07.11).
[41]Larousse (2009). In : http://www.larousse.com/de/worterbucher/franzosisch/ (02.07.11).
[42] Vgl.: Müller, Bodo (1975): Das Französische der Gegenwart. Varietäten – Strukturen – Tendenzen. Heidelberg. S. 204.
[43] Müller (1975): S. 205.
[44] Zimmermann (2003): Jugendsprache in Frankreich: ein Resümee. S. 42.

entfernten Städten. „Das Grundphänomen ist global, die Lösung lokal"[45]. Diese Hürde verhindert eine ganzflächige Ausbreitung einzelner Sprachphänomene, sondern konzentriert diese auf bestimmte Bereiche.

4. Fazit

Zusammenfassend ist demnach festzustellen, dass der Einfluss maghrebinischer Migranten auf die französische Sprache deutliche Auswirkungen zeigt. Besonders im linguistischen Teilgebiet der Jugendsprache bedingt die Sprache der Maghrebiner eine schnellere, kreativere Sprachentwicklung, die sozialpolitischen Gründen entspringt. Die eigene Sprache zur Identifikation sowie Abgrenzung von anderen Altersgruppen oder Gesellschaftsschichten produziert einen in Frankreich unvermeidbaren Fluss des Sprachwandels.

Folglich ist Sprachkontakt als Ursache des Sprachwandels voranzustellen. Zudem führen die Anforderungen der Gesellschaft und die persönlichen Kommunikationsbedürfnisse der Sprecher zu einem immensen Anstieg der sprachlichen Dynamik, welche uneinholbar kreative Wortneuschöpfungen präsentiert. Zu beachten ist dabei, dass sich dieser Sprachwandelprozess hauptsächlich innerhalb der Jugendgeneration vollzieht.

---

[45] ebd.

5. Literaturverzeichnis

5.1. Sekundärliteratur

Bollée, Annegret (2000): Französische Jugendsprache und Argot. In: Stein, Peter (Hg.): Frankophone Sprachvarietäten. Variétés linguistiques francophones. S. 341 - 353.

Cuddle, Edda (2004): Migration in Europa. Daten und Hintergründe. Stuttgart. S. 81 - 113.

Gadet, Françoise (2007): L'essentiel français. La variation sociale en français. Paris. S.175.

Krefeld, Thomas (2004): Einführung in die Migrationslinguistik. Von der *Germania italiana* in die *Romania multipla*. Tübingen.

Merle, Pierre (2006): Argot, verlan et tchatches. Milan.

Müller, Bodo (1975): Das Französische der Gegenwart. Varietäten – Strukturen – Tendenzen. Heidelberg.

Pustka, Elissa (2008): Accent(s) parisien(s) - Auto- und Heterorepräsentationen stadtsprachlicher Merkmale. In: Krefeld, Thomas (Hg.): Sprachen und Sprechen im städtischen Raum . Spazi comunicativi - Kommunikative Räume - Band 2. Frankfurt am Main, S. 213 - 249.

Riehl, Claudia Maria (2004): Sprachkontaktforschung . Eine Einführung. Tübingen.

Schubert, Klaus/Martina Klein (2006)[4]: Das Politiklexikon. Bonn.

Schuhmann, Adelheid (2002): Zwischen Eigenwahrnehmung und Fremdwahrnehmung: die *Beurs*, Kinder der maghrebinischen Immigration in Frankreich. Untersuchungen zur Darstellung interkultureller Konflikte in der *Beur*-Literatur und in den Medien. Frankfurt a.M.

Zimmermann, Klaus (2003): Jugendsprache in Frankreich: ein Resümee. In: Hinz, Michael (Hg.): Jugend und Immigration. Neue Romania 27, S. 41-62.

Zimmermann, Klaus (2003): Postkoloniale Migration, Jugend und Sprache in Frankreich. In: Hinz, Michael (Hg.): Jugend und Immigration. Neue Romania 27, 63-92.

5.2. Internetquellen

Académie française : Le dictionnaire. In : http://www.academie-francaise.fr/dictionnaire/index.html (02.07.11).

Académie française: Le rôle. In : http://www.academie-francaise.fr/role/index.html (02.07.11).

Fredy Gsteiger (1996): Wir sind die Sprache! In: http://www.zeit.de/1996/14/Wir_sind_die_Sprache_ (02.07.11).

Guillet, Alexandra (2010): Les immigrés constituent 11% de la population française. In : http://lci.tf1.fr/france/societe/2010-11/les-immigres-constituent-11-de-la-population-francaise-6161732.html (02.07.11).

Larousse (2009). In : http://www.larousse.com/de/worterbucher/franzosisch/ (02.07.11).

Le Dictionnaire de la Zone (2001-2011). In: http://www.dictionnairedelazone.fr/ (02.07.11).

INED (Institution national d'études démographiques) (2011): Immigrés par pays de naissance. In : http://www.ined.fr/fr/immigres_etrangers/pays_naissance_1999/. (02.07.11).

INSEE (2011): Enfants de moins de 18 ans vivant dans une famille. In : http://www.insee.fr/fr/themes/tableau.asp?reg_id=0&ref_id=ENFAMIMMI (02.07.11).

Oberti, Marco (2008): Die Unruhen in den französischen Städten, In: http://www.eurotopics.net/de/home/presseschau/archiv/magazin/politik-verteilerseite/frankreich-2008-07/oberti/ (05.07.11).